Sara Agostini
ILLUSTRAZIONI DI Marta Tonin

Le sei storie delle
EMOZIONI

GRIBAUDO

SOMMARIO

- Una fifa blu — 4
- Rosso di vergogna — 18
- Giallo di gelosia — 32
- Verde di invidia — 46
- Arancione di gioia — 60
- Grigio di tristezza — 74

È notte.
La famiglia Sgarabulletti sembra dormire serena.

UNA FIFA BLU

Ognuno è in camera sua, nel suo letto,
quando all'improvviso...

UEEEHH! Un urlo nella notte.
Enrico si è svegliato e va nella
camera dei genitori:

«Ho fatto un brutto sogno,
Posso dormire con voi?».
E si infila nel lettone.

Passa soltanto mezz'ora e... ARGH!
Si è svegliata anche Anna,
che va nella camera dei genitori.

«È buio e sul mio letto ci sono mostri orrendi:
posso dormire con voi?»
E si infila anche lei nel lettone.

Passa un'altra mezz'ora e... AAHH!
Si è svegliata anche Laura:
«Ho paura, sono rimasta da sola!».
Va subito nella camera dei genitori:
«Posso dormire con voi?»
e, in un battibaleno, si infila anche lei nel lettone.

Poco dopo arriva
anche il gatto,
fa un balzo e...
CRACK! Il letto
si rompe per
il troppo peso!

«Possibile che non possiate
dormire nei vostri letti?»
esclama il papà esasperato...

Il giorno dopo i genitori sono arrabbiati:
ora dovranno comprare un letto nuovo.

Il nonno suggerisce a Enrico di appendere uno scacciamostri sopra il letto, ma funzionerà solo se dormirà nel suo letto.

Anna chiede aiuto alla zia, che le regala un luciotto da tenere acceso di notte, ma glielo lascerà solo se dormirà nel suo letto.

Laura chiede un parere alla cuginetta,
che le consiglia di dormire con un peluche.
Le regalerà il suo orsetto, ma solo se dormirà
nel suo letto.

Nel pomeriggio mamma e papà tornano
a casa con un letto nuovo.
A metà tra l'incuriosito e il preoccupato,
si fanno riferire i consigli ricevuti dai bambini.
Alla fine, tutti insieme decidono che...

... Ognuno dormirà in camera sua
e nel suo letto.

Mamma e papà potranno finalmente dormire nel loro letto da soli!

ROSSO DI VERGOGNA

Andrea è un bambino allegro, ma timido.
Quando lo saluta qualcuno che non conosce,
si vergogna e si nasconde dietro la mamma.

Un giorno, al parco, una signora si avvicina:
«Sei davvero carino, ma perché usi ancora il cuccio?
Ti verranno i denti in fuori come un castorino!».

Andrea diventa leggermente rosso.
Che vuole quella signora?
Alza le spalle e guarda la mamma.

Passa di lì un papà con un passeggino.
«Sei grandicello per usare ancora il ciuccio:
non ti vergogni?»

Andrea diventa leggermente rosso. Che vuole quel signore? Alza le spalle e guarda la mamma, che dice al signore: «Glielo dico sempre, ma sembra che non sia ancora pronto a toglierlo».

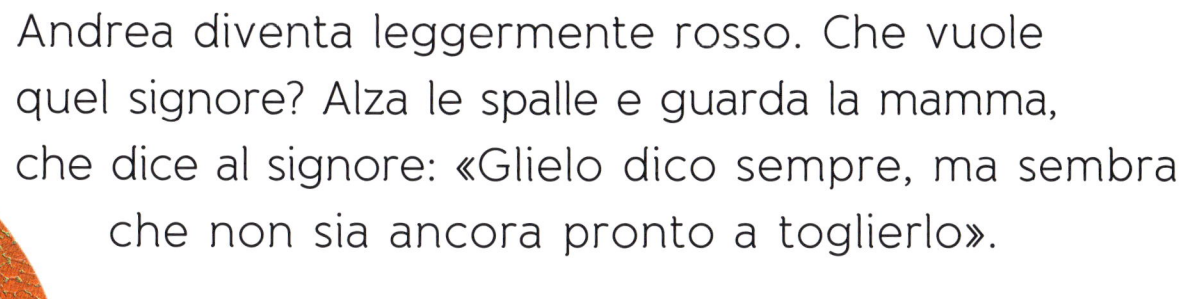

Un'altra signora e suo marito si uniscono
al gruppetto. Andrea non ne può più, e anche
la mamma comincia a infastidirsi. In quel momento
passano alcuni ragazzini in bicicletta:

«Ah ah! Guardate quello: usa ancora il ciuccio!».
Andrea, allora, diventa rosso come un pomodoro per la vergogna.

Intanto, altri passanti si avvicinano, cercando di farsi spazio tra le persone accalcate.
Alcuni si mettono persino sulle spalle di altri per osservare meglio, quando uno perde l'equilibrio e...

Patapumfete! Uno dopo l'altro cadono come birilli e... diventano rossi come peperoni per la vergogna!

Nel frattempo, per guardare quel ridicolissimo capitombolo, uno dei bambini in bicicletta non si accorge di un masso davanti a lui e ci va a sbattere contro, piantando il naso nel terreno.

I suoi amici cadono uno alla volta su di lui...
... e diventano tutti rossi per la vergogna!

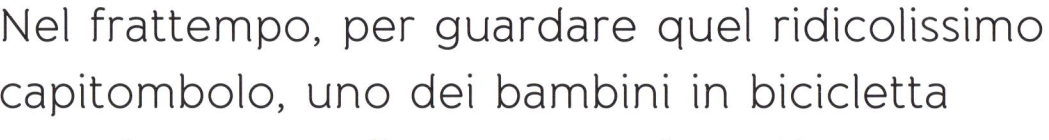

Andrea si mette a ridere a crepapelle: «E poi sarei io quello che si dovrebbe vergognare!».

Per il troppo ridere gli cade il ciuccio,
con calma lo raccoglie: «Forse non ne ho davvero
più bisogno...».

GIALLO DI GELOSIA

Lucia, Annalara e Tommaso sono tre fratellini come tanti altri: a volte vanno d'accordo, a volte proprio no.

«La mamma è mia!» esclama uno.
«No: la mamma è soltanto mia!» risponde l'altra.
«È mia!» aggiunge la terza; litigando gialli
di gelosia come pulcini arruffati.

Un pomeriggio Lucia cade e la mamma l'aiuta
a rialzarsi. Annalara si mette a piangere disperata:
«Ahi! Mi sono fatta male anch'io!».

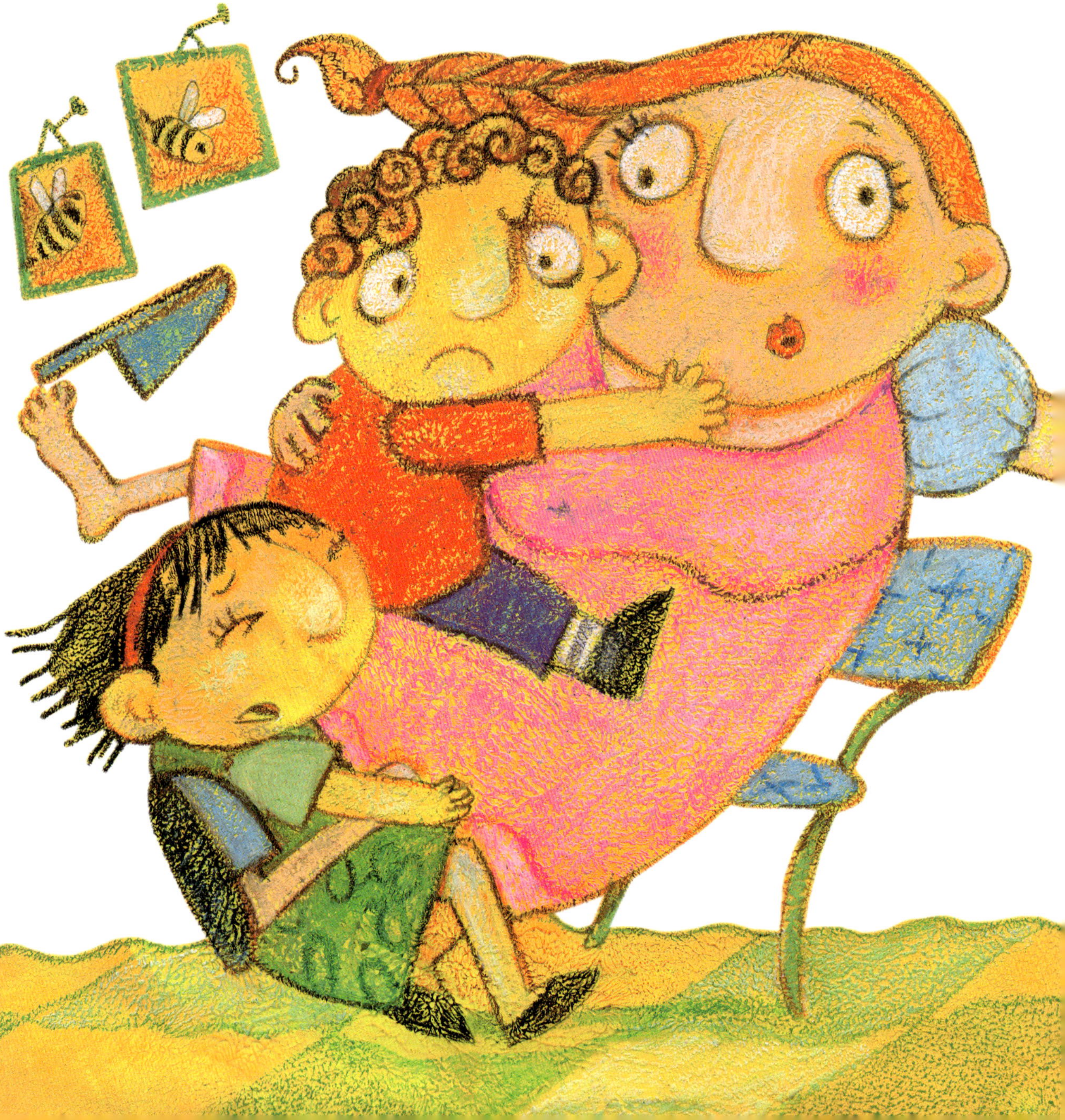

Tommaso si mette a sua volta a urlare:
«Mi sono schiacciato un dito!».
Non appena lo prende in braccio, Lucia
e Annalara, gialle di gelosia come api fastidiose,
la tirano di qua e di là. All'improvviso...

... compaiono, per magia, tre mamme!
«T-t-tre mo-mo-mogli?!» balbetta papà,
entrando in casa.
«Questa è tutta mia»
si affretta a dire Lucia.

«E questa è mia!» aggiunge Annalara.
«Quest'altra invece è tutta mia!» conclude Tommaso.
Le tre mamme pensano di poter approfittare
di questa incredibile magia per dedicare
ai bambini tutte le attenzioni che desiderano.

A cena, però, sorgono i primi problemi: al momento di sedersi, non ci sono sedie a sufficienza. Il lettone, poi, è diventato troppo piccolo: papà non ci sta più. Il giorno dopo i bambini si preparano per andare a scuola. Al momento di salire in macchina, non ci stanno. Si stava meglio con una mamma sola!

Quando arrivano vicino alla scuola chiedono alle mamme di nascondersi.
Hanno paura di essere presi in giro:
nessuno ha tre mamme!

«Rivoglio la mia mamma!» dice Lucia.
«Anch'io voglio una sola mamma!»
aggiungono Annalara e Tommaso.

«Io ho solo paura che tu voglia più bene a loro...» dice Tommaso. «Anch'io!» esclamano in coro Lucia e Annalara. A queste parole, come per incanto... le mamme ritornano a essere una sola!

«Non dovete aver paura che io voglia più bene a uno di voi: siete i più grandi amori della mia vita... insieme a papà!»
Mentre si abbracciano, Lucia dice:

«Papà, però, è solo mio!».
«È mmmio!» dice Annalara, gialla come un canarino.
«No: è mio!» esclama Tommaso, giallo come
una cocorita... e la storia ricomincia!

VERDE DI INVIDIA

Sara è una bambina bella, brava e fortunata.
Come la maggior parte dei bambini: purtroppo,
però, crede sempre che gli altri siano più belli,
bravi e fortunati di lei.

Le succede spesso di desiderare
con tutta se stessa quello che hanno gli altri.
Come quel pomeriggio in cui vede la sua amica
Silvia con i boccoli biondi come una bambola.

In pochi istanti inizia a diventare... verdina.
«Non mi piacciono per niente i tuoi capelli.»
Dopo pochi minuti diventa così verde
che l'avrebbero potuta scambiare per un ranocchio.

Chiede alla mamma che le faccia i boccoli,
ma lei è convinta che i suoi capelli vadano bene.
Sara non l'ascolta: vuole i boccoli...
e subito! Il verde sparisce, ma i suoi amici ridono:
«Con quei capelli sembri una scopa!».

Poco dopo ecco arrivare Marta con un'incantevole gonna viola. Sara inizia a diventare... verdina.
«Non mi piace per niente la tua gonna!»
Dopo pochi minuti diventa così verde che l'avrebbero potuta scambiare per un ramarro.

L'invidia... è salita di nuovo l'invidia!
Sara vuole a tutti i costi quella gonna,
così va a piangere dalla nonna perché gliela compri.
Non appena ha la gonna il verde sparisce,
ma Sara non si sente meglio...

Poco dopo arriva Daniela con una bambola nuova
e Sara inizia a diventare... verdina.
L'avrebbero potuta scambiare per una cimice!

Sara chiede al papà che le compri quella bambola.
Non appena ha la bambola, il verde sparisce,
ma non si sente meglio. I suoi amici ripetono:
«Sara e Daniela sono noiose».

Sara ha ottenuto tutto, ma non è ancora contenta:
le sue amiche le sembrano sempre
più belle, brave e fortunate di lei.

«Ma vuoi davvero queste cose?»
le chiede la nonna.
Sara ci pensa un po':
non ne è più tanto convinta.

In quell'istante arriva Silvia:
«Come mai, Sara, non hai più i tuoi splendidi capelli lisci? Io li vorrei proprio come i tuoi... I miei, senza boccoli, non mi piacciono per niente».

Poco dopo giunge anche Marta: «Sara, oggi non ti sei messa la tua gonna azzurra? Me la puoi imprestare?».
Daniela dice: «Avevo chiesto a mio padre
una bambola come la tua e lui, per sbaglio,
ha comprato questa... è bella
lo stesso, vero?».

"Che sciocca!" pensa Sara. "Ho davvero tutto, non mi manca niente, soprattutto ho amiche davvero speciali… Ma allora, forse, anch'io sono speciale!"

ARANCIONE DI GIOIA

Oggi è una bella giornata di sole e si può uscire a giocare. Alessio e Giorgio hanno creato una pista per le auto e si divertono molto.

Nel frattempo Elena e Caterina salvano un riccio attaccato da un cane. Che gioia poter aiutare qualcuno in difficoltà!

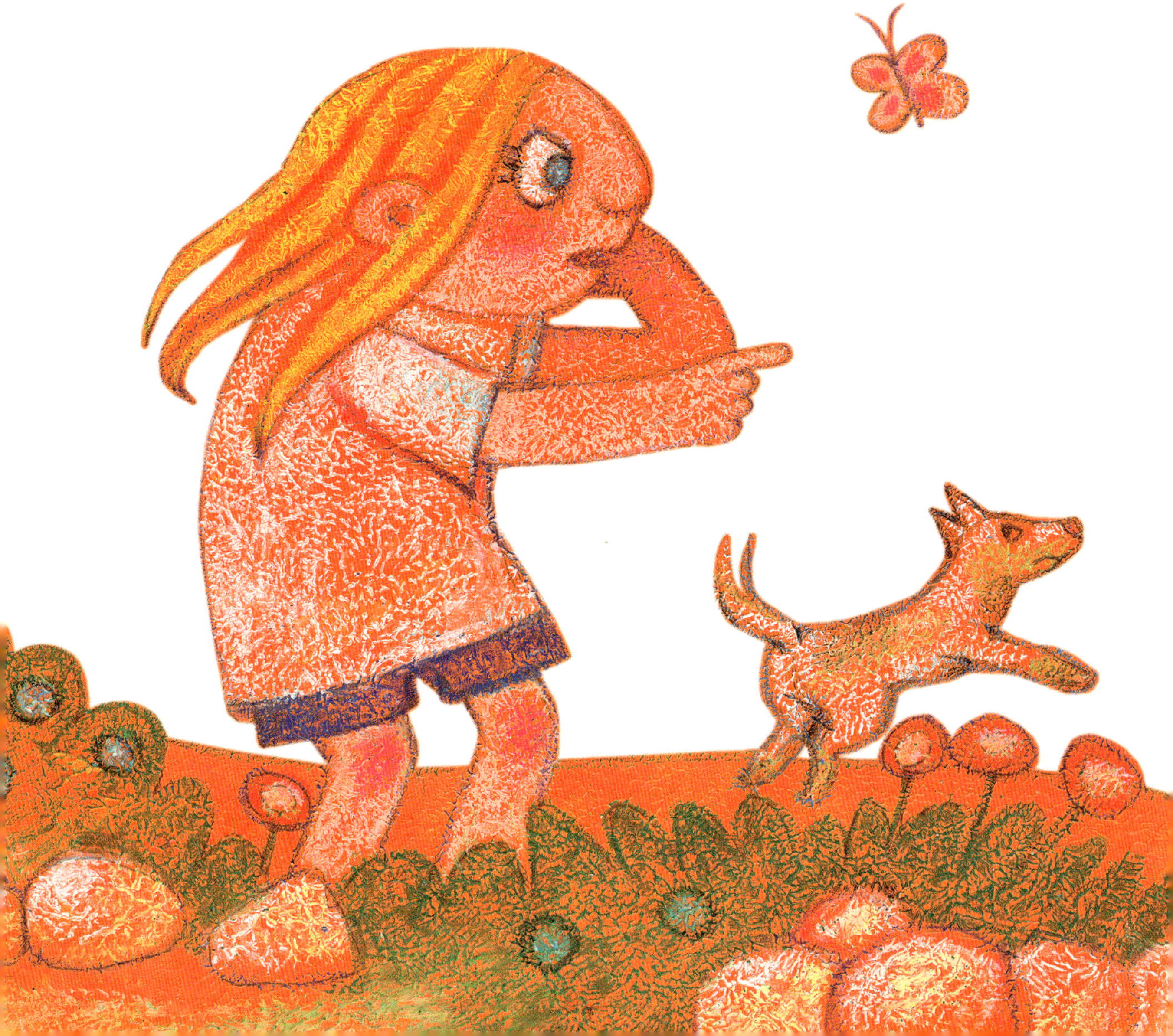

Caterina vede arrivare papà dopo un lungo viaggio. Non sta nella pelle per la gioia, saltella come una rana!

Non vedeva l'ora di riabbracciarlo anche per fargli assaggiare i biscotti che ha preparato a scuola.

Silvia esce per giocare con gli amici.
Alessio e Giorgio, però, non la guardano
nemmeno, mentre Caterina ed Elena
non alzano lo sguardo dal loro nuovo amico riccio.

Silvia ed Elena ieri hanno un po' litigato:
Elena vede che Silvia è ancora arrabbiata.
Per sua fortuna escono altri tre bambini
e invitano tutti a giocare a pallone.
Solo Alessio, Giorgio e Silvia
si uniscono a loro.

La partita è terminata! Silvia, Alessio e Giorgio hanno vinto: saltano dalla gioia come canguri!
Davide, però, non saltella:
è arrabbiato perché ha perso.

«Non arrabbiarti. Non si gioca per vincere,
ma per giocare!» gli dice Riccardo.
I bambini si guardano e sorridono: la delusione
è passata, è tornato il sorriso.
L'importante è giocare; con lealtà, ovviamente,
per essere tutti più contenti e soddisfatti.

«Giochiamo a nascondino tutti insieme?»
La gioia è contagiosa e così questa
volta si uniscono anche Elena e Caterina.
Silvia ed Elena si sorridono:
è tutto passato.
Un abbraccio e il litigio è superato.

I bambini gioiosi scappano qua e là
come grilli salterini.
È ancora più divertente giocare tutti insieme!

Evviva! La mamma di Elena ha portato la merenda:
ci sono gelati per tutti.
Poi, però, si deve rimettere tutto in ordine.
I bambini si aiutano, raccolgono
i giochi e le carte dei gelati.
La signora Teresa
fa loro i complimenti.

Quanta gioia oggi pomeriggio,
e non è terminato...
c'è ancora tempo per molti sorrisi!

GRIGIO DI TRISTEZZA

Francesco è un bambino un po' timido e abbastanza tranquillo. A volte è un vero angioletto, qualche volta, invece, combina guai.

Normalmente si diverte molto a giocare
e va volentieri a scuola.
Oggi, però, è diverso dal solito.
Ha gli occhi tristi, non ha voglia di scherzare
e neanche di chiacchierare:
sembra grigio
come un koala.

I suoi compagni non riescono proprio a capire
che cos'abbia. Alcuni non si accorgono
che Francesco è più silenzioso.

Altri bambini, invece, si preoccupano per lui
e cercano di inventarsi qualcosa per strappargli
un sorriso. Qualcuno gli racconta una barzelletta,
qualcun altro gli fa le boccacce, uno lo invita
a giocare con la palla, il suo gioco preferito.
Mattia esagera un po' e finisce per fare
un gran baccano.

La severissima maestra Antonietta sente
la gran confusione e si precipita
a controllare che cosa sta succedendo.
I bambini, non appena la vedono
arrivare, fuggono da ogni parte.

La maestra vede Francesco da solo,
con il viso mogio mogio, gli occhi socchiusi
e la bocca all'ingiù. Gli chiede che cos'abbia,
ma lui alza le spalle e non risponde.
Antonietta non si dà per vinta: al termine
della ricreazione fa sedere i bambini in cerchio
e propone una nuova attività.

«Adesso ognuno di voi racconta di quando si è sentito triste, poi, dentro a questa cornice, imita l'espressione che ha fatto quella volta» dice la maestra.
Mattia ricorda che si è sentito triste quando è caduto e si è fatto male,

e fa un'espressione triste nella cornice; mentre la maestra scatta una foto, sembra grigio come un gattino spelacchiato. Un compagno si mette a ridere, ma la maestra lo fulmina con lo sguardo.

Elena racconta di quando ha perso il suo orsacchiotto preferito; con quell'espressione triste, sembra grigia come un coniglietto abbacchiato.

Giuseppe dice che si sente triste quando
viene sgridato; Paola quando la mamma va via;
Davide, invece, quando la nonna va in ospedale
perché vede papà preoccupato.

Quando arriva il turno di Francesco, molti bambini hanno già raccontato il loro momento triste.
Lui non ha voglia di parlare, ma la maestra lo invita a mostrare con il corpo com'è una persona triste e poi chiede ai compagni di consolarlo.

«Non vuoi proprio dirci che cosa succede?»
chiede Giada abbracciandolo.
«È passato tutto!» dice Francesco.
«Oggi ho scoperto che tutti a volte ci sentiamo
tristi, ma soprattutto che ho amici fantastici
e che la maestra Antonietta non è poi così cattiva!»
dice Francesco.

I bambini si girano a guardarla pronti
a una bella sgridata e invece lei è felice
e sorridente.

Si abbracciano felici e non vedono l'ora
di guardare le foto tutti insieme!

Qualcuno si chiede ancora
che cosa avesse Francesco...
Noi non lo sappiamo: tu che cosa pensi?

Le sei storie delle EMOZIONI

Testi: Sara Agostini
Illustrazioni: Marta Tonin

Redazione Gribaudo
Via Garofoli, 262
37057 San Giovanni Lupatoto (VR)
redazione@gribaudo.it

Responsabile editoriale: Franco Busti
Responsabile di redazione: Laura Rapelli
Responsabile grafico: Meri Salvadori
Impaginazione: Emanuela Ala
Fotolito e prestampa: Federico Cavallon, Fabio Compri
Segreteria di redazione: Daniela Albertini

FSC
www.fsc.org
MISTO
Carta
da fonti gestite in
maniera responsabile
FSC® C101934

Stampa e confezione: Grafiche Busti srl, Colognola ai Colli (VR), azienda certificata FSC®-COC con codice CQ-COC-000104

© 2016 Gribaudo - IF - Idee editoriali Feltrinelli srl
Socio Unico Giangiacomo Feltrinelli Editore srl
Via Andegari, 6 - 20121 Milano
info@gribaudo.it
www.feltrinellieditore.it/gribaudo/

Prima edizione 2016 [3(C)]
Seconda edizione 2016 [5(D)]
Terza edizione 2016 [10(D)]
Quarta edizione 2016 [12(E)]
Quinta edizione 2017 [2(I)]
Sesta edizione 2017 [4(H)] 978-88-580-1506-3

Tutti i diritti sono riservati, in Italia e all'estero, per tutti i Paesi.
Nessuna parte di questo libro può essere riprodotta, memorizzata o trasmessa con qualsiasi mezzo e in qualsiasi forma (fotomeccanica, fotocopia, elettronica, chimica, su disco o altro, compresi cinema, radio, televisione) senza autorizzazione scritta da parte dell'Editore.
In ogni caso di riproduzione abusiva si procederà d'ufficio a norma di legge.

IL RAZZISMO È UNA BRUTTA STORIA.
razzismobruttastoria.net